Stuttgart und das Grüne U

Rolf Fischer

Stuttgart und das Grüne U

Die Parklandschaft vom Killesberg bis zu den Schlossgärten

THEISS

Bibliografische Information
Der Deutschen Bibliothek

Die Deutsche Bibliothek verzeichnet diese Publikation in der Deutschen Nationalbibliografie; detaillierte bibliografische Daten sind im Internet über http://dnb.ddb.de abrufbar.

Umschlaggestaltung:
Neil Mc Beath, Stuttgart, unter Verwendung einer Aufnahme von Rolf Fischer, Stuttgart (Killesbergturm)

Lektorat: Beate Wörner, Stuttgart
Gestaltung, Satz und Herstellung:
juhu media, Susanne Dölz,
Bad Vilbel
Druck: HMS Druckhaus, Dreieich
ISBN 3-8062-1771-8

Autor und Verlag danken folgenden Firmen und Personen für ihre Unterstützung bei der Realisierung dieses Buchprojekts:

Volksbank in Stuttgart AG

Elsbeth Hornbach, Stuttgart

Kapitän Wolfgang Thie, Neckar-Personen-Schifffahrt Berta Epple GmbH & Co. KG

Stuttgarter Straßenbahnen AG

Stuttgarter Berufskolleg Mode Holzenbecher

Barista/Milchbar im Höhenpark Killesberg

E. Roleff GmbH & Co. KG, Stahlbau und Schlosserei Esslingen

Schwäbische Weinstube im Höhenpark Killesberg

Blattwerk/ Gartengestaltung, Stuttgart

Pfeiffer Garten- und Landschaftsbau, Stuttgart

Schweikardt/Baumpflege, Oppenweiler

Walker GmbH, Sindelfingen

Friedrich-Eugens-Gymnasium, Stuttgart

Erwin Teufel
Ministerpräsident des Landes
Baden-Württemberg

Geleitwort

Stuttgart ist durchzogen von ausgedehnten Parkanlagen, die, grünen Inseln der Ruhe und Beschaulichkeit gleich, in zentraler Lage als einzigartiges Erlebnis- und Erholungsgebiet dienen. Dies haben wir zahlreichen Bemühungen zu verdanken, die über Jahrzehnte hinweg darauf abzielten, die Natur in das Stadtbild zu integrieren. Mit der Internationalen Gartenbauausstellung IGA Stuttgart Expo 93 fanden diese Bestrebungen einen vorläufigen Höhepunkt.

Das Grüne U verbindet die Schlossgartenanlagen, den Rosensteinpark, den Leibfriedschen Garten, den Wartberg und den Höhenpark Killesberg. Neben Wäldern und Weinbergen ist das Grüne U die Lunge und der Klimaregulator Stuttgarts. Es dient den Menschen als Lebens- und Arbeitsraum, als Ort für Sport- und Freizeitaktivitäten. Die Stuttgarter Bevölkerung und die vielen Gäste finden hier Platz zur ungezwungenen Zusammenkunft und zum kulturellen Austausch. Das Grüne U ist Beweis dafür, dass eine intakte Natur eine Stadt erst lebenswert macht.

Ich freue mich, dass der Fotojournalist Rolf Fischer dieser für die Landeshauptstadt so wichtigen Parklandschaft diesen wunderschönen Bildband widmet. In beeindruckenden Aufnahmen werden die Schönheiten und Reize der Natur, verschiedene Baulichkeiten, die Wilhelma, die Museen, aber auch Veranstaltungen wie das Sommernachtsfest oder die IGA dokumentiert. Das Buch vermittelt dem interessierten Betrachter ein besonderes Bilderlebnis, macht ihn mit den Eigenheiten der Parks vertraut und sensibilisiert ihn für die Erhaltung der Umwelt.

Ich wünsche der Publikation eine weite Verbreitung und allen Leserinnen und Lesern viel Freude beim farbenprächtigen Rundgang durch diese innerstädtischen Grünanlagen. Mögen die Fotos nicht zuletzt eine Quelle der Regeneration und der Inspiration sein.

Dr. Wolfgang Schuster
Oberbürgermeister
der Landeshauptstadt
Stuttgart

Vorwort

Stuttgart ist die Großstadt zwischen Wald und Reben, mit Parks und Gärten – ein grünes Erlebnis. Der Pflege und Unterhaltung öffentlicher Grünanlagen wird seit vielen Jahrzehnten stets besondere Aufmerksamkeit gewidmet und seit über hundert Jahren finden immer wieder Blumen- und Gartenbauausstellungen auf Stuttgarter Markung statt.

Zur Internationalen Gartenbauausstellung IGA 1993 in Stuttgart wurde der innerstädtische Grünzug – das als Idee schon in den 1920er-Jahren konzipierte Grüne U – vom Schlossplatz in der City über die Schlossgärten und den Rosensteinpark bis zum Höhenpark Killesberg und weiter über die Feuerbacher Heide bis zum Kräherwald in einer Gesamtlänge von acht Kilometern nach über 70 Jahren fertig gestellt.

1993 fand ein halbes Jahr ein wunderschönes Gartenfestival im Zentrum Stuttgarts statt, das viel Anklang bei der Bevölkerung von weit und nah fand. Der Fotojournalist Rolf Fischer wurde auch von der positiven Stimmung während des Sommerhalbjahres erfasst und machte in der Zeit zwischen diesem Ereignis und dem Herbst 2002 eine Fülle wunderschöner Aufnahmen von den öffentlichen Parkflächen. Die Leserinnen und Leser werden viele ungewöhnliche Bilder und auch versteckte Details finden, die nur bei genauer Kenntnis der Anlagen bewusst werden.

Ich freue mich, dass Herr Fischer diese Aufnahmen gemacht hat und dass er sie mit diesem Band der Öffentlichkeit vorstellt.

Ich wünsche mir, dass dieser Bildband dazu beiträgt, dass unsere Bürgerinnen und Bürger sich im Bewusstsein der besonderen Schönheit unserer städtischen Grünanlagen dafür einsetzen, die Pflege und Unterhaltung der Anlagen nachhaltig zu unterstützen.

Werner Koch
Stadtdirektor
Leiter des Gartenamtes
Stuttgart

Vorwort

Dieser beeindruckende Bildband dokumentiert für alle sichtbar: Stuttgart ist eine Gartenstadt. Nirgendwo im Stadtgebiet ist man länger als eine viertel Stunde unterwegs um eine Grünfläche zu erreichen. Darüber hinaus zeichnen die großzügigen Grünanlagen Stuttgart auch als eine der grünsten Städte Europas aus. Ende der 1920er-Jahre entstand die Idee, die innerstädtischen Grünflächen zu erhalten und zu verbinden. Die Vision bedurfte jedoch eines Motors, der eine Umsetzung ermöglichte. Dieser Motor waren für Stuttgart die Gartenbauausstellungen 1939, 1950, 1961, 1977 und insbesondere die Internationale Gartenbauausstellung 1993.

Erst zur Internationalen Gartenbauausstellung fand die Vision Grünes U ihre endgültige Realisierung. Im Bereich zwischen dem Löwentor und dem Höhenpark Killesberg wurden sieben elegante und filigrane Brücken und Stege sowie eine großzügige Unterführung gebaut, die die einzelnen Park- und Landschaftsteile miteinander verbanden. Mit dieser Ausstellung wuchsen die bislang separaten Grünflächen zusammen.

Die Internationale Gartenbauausstellung hat mit einer qualitätvollen Landschaftsarchitektur beeindruckt, die noch heute viele Gäste anzieht. Der Autor dieses Buches, Herr Rolf Fischer, hat die wunderschöne Atmosphäre der öffentlichen Grünanlagen mit seinen wertvollen Bildern der Nachwelt erhalten. Ich danke ihm sehr herzlich dafür. Der Stadt Stuttgart wünsche ich noch viele Gartenbauausstellungen, die den Stadtraum so positiv beeinflussen.

Leibfriedscher
Garten
Wartberg
Höhenpark
Killesberg
Wilhelma
Zoologisch - botanischer Garten
Rosensteinpark
Messe
Akademie der bild. Künste
Prag-
friedhof
Villa Berg
Unterer Schlossgarten
Ostheim
Mitl. Schlossgarten
HAUPT-
BAHNHOF
Katharinen-Hospital
Universität
Oberer
Schlossgarten
Schlossplatz
Uhlands-
höhe
Siemensstr.
Löwentorstr.
Heilbronner Str.
Nordbahnhofstr.
Rosensteinstr.
Cannstatter Str.
Neckarstr.
Hackstr.
Kriegsbergstr.
Theodor-Heuss-Str.
Friedrichstr.
Planie
Wagenburgstr.
Haußmannstr.
Kochenhof
Tunzhofer Pl.
Türlenstr.
Wolframstr.
Budapester Pl.
B 295
B 10
B 27
B 14

Inhalt

Das Grüne U

Im Jahr 1993 wurde die Vision vom Grünen U endlich Wirklichkeit. Entstanden war die Idee bereits in den 1920er-Jahren; siebzig Jahre arbeiteten die Verantwortlichen der Stadt und ganze Generationen von Planern systematisch an der Realisierung dieser einmaligen Grünzone. Parks unterschiedlicher Epochen sind im Grünen U zu einer Einheit verschmolzen, ohne jedoch ihre Eigenständigkeit und den ihnen eigenen Reiz dabei aufzugeben. Jede der vier großen Gartenschauen des 20. Jahrhunderts trug ihren Teil zum Grünen U bei. Den Anfang machte 1939 die Reichsgartenschau auf dem Killesberg. In zwei Jahren war auf der Höhe im Norden der Stadt aus dem ehemaligen öden Gelände mit Steinbruch der Höhenpark Killesberg geschaffen worden. 4,5 Millionen Besucher von nah und fern strömten in den »Volkspark«, das herrliche Wetter des Sommers '39 trug sicher das seine mit dazu bei. Der Ausbruch des Zweiten Weltkriegs am 1. September bedeutete das vorzeitige Ende der Stuttgarter Reichsgartenschau. In den Jahren 1943 und 1944 trafen Bomben auch den Killesberg und zerstörten vieles.

Nachdem 1949 in Landau/Pfalz die erste deutsche Nachkriegs-Gartenschau veranstaltet worden war, fand 1950 auch auf dem Killesberg wieder eine Gartenschau statt, die »Deutsche Gartenschau Stuttgart«. 1984 wurde der Höhenpark Killesberg unter Denkmalschutz gestellt. Er ist der einzige große, noch vollständig erhaltene Park der dreißiger Jahre, ein Beispiel für die Gartenbaukunst dieser Zeit.

Die Bundesgartenschauen der Jahre 1961 und 1977 waren für das heutige Erscheinungsbild der Schlossgärten prägend. Die vier Gärten – Akademiegarten, Oberer, Mittlerer und Unterer Schlossgarten – sind der Bereich des Grünen U, der teilweise mitten in der Stuttgarter City liegt. Zur Bundesgartenschau 1977 tat sich vor allem im Unteren Schlossgarten, an der Nahtstelle zum Rosensteinpark und zum Park der Villa Berg, einiges. Dieser wurde damals mit Fußgängerstegen an den Unteren Schlossgarten angebunden und gehört so mit zum Grünen U.

Wer heute dem Spiel des Wassers der künstlichen Geysire – der Berger Sprudler, wie sie heißen –, am Schwanenplatz zuschaut, kann sich nicht mehr vorstellen, dass dort einmal ein hässlicher, grauer Platz war. Die Bundesgartenschau 1977 vollbrachte diese Verwandlung und schuf damit am Ende des Unteren Schlossgartens ein weiteres Mosaiksteinchen des Grünen U, das 1993 vollendet wurde.
Anlass war die IGA, die Internationale Gartenbauausstellung. Mit Brücken und Stegen wurden die einzelnen Stuttgarter Parks miteinander verbunden. Realisiert wurde diese Verknüpfung durch Professor Hans Luz und die Planungspruppe Luz–Egenhofer–Lohrer–Schlaich.
Heute kann man – immer im Grünen – in zwei Stunden vom Killesberg über den Wartberg, den Leibfriedschen Garten, den Rosensteinpark und die Schlossgärten bis zum Neuen Schloss in der Stuttgarter Innenstadt wandern. Immer bequem leicht bergab. Um es aber wirklich genießen zu können, sollte man mehr Zeit mitbringen. Denn entlang der Strecke liegt so manche Sehenswürdigkeit. Beispielsweise die Wilhelma oder die beiden Naturkundemuseen, das eine im Schloss Rosenstein und das andere am Löwentor.
Wir beginnen unsere Foto-Wanderung ebenfalls am Killesberg. Gemütlich bummeln wir durch die verschiedenen Parks, erleben sie zu verschiedenen Jahreszeiten, werfen einen kurzen Blick in die Museen und besuchen die Wilhelma. Sie werden sehen, zu jeder Jahreszeit lohnt sich ein Besuch dieser Parklandschaft.

The Green U

A walk through the parkland from the Killesberg to the city of Stuttgart

The Killesberg used to be wasteland with a quarry between Stuttgart and Feuerbach. In the years 1937 and 1938, a real wonder was created with the help of many workers and gardeners: the »Killesberg Park«. It was opened to the public in 1939, presenting the Garden and Landscaping Exhibition of the »Third Reich«. It was a marvellous summer and 4.5 million visitors came from all over the country. The beginning of the war on September 1st was the reason for the early end of this exhibition. In 1943 and 1944 the Killesberg was hit by numerous bombs, many buildings were destroyed.

With the currency reform in June 1948, the DM was introduced and life in Germany began to get back to normal. The constitution of the Federal Republic of Germany was proclaimed on May 23rd, 1949, and the economic miracle had a solid basis. The first postwar garden and landscaping exhibition, the »Südwestdeutsche Gartenbauausstellung« took place at Landau/Pfalz in the same year. At that time the ruins at the Killesberg were being removed and new buildings erected. From June to October 1950, the German Garden and Landscaping Exhibition at the Killesberg Park became the destination of many visitors. In the year 1961, the National Garden and Landscaping Exhibition took place in the redesigned upper and middle parts of the park of the palace. In 1977 this exhibition also included the lower park of the palace, the parks of the Villa Berg and the Rosenstein Palace. At that time the ten »Berger Sprudler« were built at the Schwanenplatz – artificial geysirs which have been providing fresher air till today.

The Killesberg was made a historical monument in the year 1984. Today it is the only »Volkspark« left of the 1930ies. The International Garden and Landscaping Exhibition took place at Stuttgart from 23.4–17.10.1993. It included the grounds of the Killesberg, Wartberg, Steinberg, Leibfriedscher Garten and Rosensteinpark. Due to the construction of many bridges and footbridges the Green U could be realized. The Green U is a green belt stretching from the Killesberg via Rosensteinpark to the city. Now it is possible to walk through green parks from the New Palace and the Palace Gardens via the Rosensteinpark, Leibfriedscher Garten and Wartberg to the Killesberg. This could be done in two hours, however, you should take much more time to see the sights on your way. A stay of several hours in the Wilhelma or in the Museums of Natural History in the Rosenstein Palace or at the Löwentor is recommended. The downward way to Palace Square (Schlossplatz) is less strenuous. The photos in the book are arranged according to this way. Nonlocal visitors can inform themselves very easily because there are information boards throughout the grounds. The surface area is 250 hectars and the Green U is eight kilometres long.

It is worthwhile to visit this parkland in any season you like. So I hope you will enjoy the nature there.

Übersetzung: Helmut Meyer

L' itinéraire de verdure tracé en forme de U

Une randonnée du Killesberg vers le centre de Stuttgart en traversant le parc à l'anglaise

Le Killesberg était autrefois un terrain vague situé entre Stuttgart et Feuerbach; on y exploitait une carrière de pierres. Au cours des années 1937-1938, un groupe de paysagistes et de terrassiers y créèrent une véritable merveille de la nature: le parc sur les hauteurs Killesberg. Il fut inauguré en avril 1939 pour l'Exposition Nationale d'Horticulture. L'été de cette année-là fut magnifique. 4 500 000 personnes venues de toutes parts visitèrent le Killesberg. La déclaration de guerre, le 1er septembre 1939, mit fin prématurément à cette exposition horticole.

Au cours des années 1943 – 1944, le Killesberg subit de graves dommages causés par les bombardements; plusieurs bâtiments furent détruits.

En juin 1948, avec la réforme monétaire, le DM devient la monnaie du pays et la vie en Allemagne se normalise peu à peu. La Loi Fondamentale de la République Fédérale est proclamée le 23 mai 1949 et le «miracle économique» repose alors sur une base solide. La même année, dans la ville palatine de Landau, se tient la première exposition horticole de l'après-guerre: »l'Exposition Horticole de l'Allemagne du Sud-Ouest«. Pendant ce temps-là, au Killesberg, on dégageait les ruines et on édifiait de nouveaux bâtiments. Puis, de juin à octobre 1950, sur les hauteurs du Killesberg se tint l'Exposition Horticole Allemande de Stuttgart; elle attira un très grand nombre de visiteurs. En 1961 fut organisée l'Exposition Horticole

Fédérale sur les espaces verts nouvellement aménagés aux niveaux supérieur et médian du parc jouxtant le château de Stuttgart. En 1977, l'Exposition Horticole Fédérale allait s'étendre également aux espaces verts du niveau inférieur dans le parc situé devant la «Villa Berg» et autour du château Rosenstein. C'est à la même epoque que, sur la Place Schwanenplatz, furent édifiés les dix Berger Sprudler (puits artésiens), des geysers artificiels qui, jusqu'à ce jour contribuent avec leurs jets d'eau à améliorer la qualité de l'air. En 1984, le Killesberg fut déclaré monument historique; c'est aujourd'hui le seul parc public, encore existant, qui remonte aux années trente du vingtième siècle.

L'IGA, l'Exposition Horticole Internationale eut lieu du 23 avril au 17 octobre 1993 àStuttgart. Elle couvrait une zone comprenant Killesberg, Wartberg-Steinberg, Leibfriedscher Garten et le parc Rosenstein. Grâce à la construction de ponts et de passerelles, l'itinéraire de verdure tracé comme un U pouvait enfin être réalisé. C'est un circuit qui forme un arc partant du Killesberg, se prolongeant par le parc Rosenstein et aboutissant au centre-ville. Il est maintenant possible de rester dans la verdure tout en faisant une marche qui commence au Nouveau Château, continue dans les espaces verts avoisinant ce Château, puis dans le parc Rosenstein, le Leibfriedscher Garten, le Wartberg et se termine au Killesberg. Cela serait possible en deux heures, mais on devrait y consacrer davantage de temps pour observer les curiosités qui se trouvent le long du chemin. Il est recommandé, par exemple, de visiter le parc zoologique Wilhelma ou bien les deux musées de sciences naturelles dans le château Rosenstein ou celui qui se trouve au Löwentor.

Le parcours du haut vers le bas est naturellement moins fatigant, le but de la randonnée étant alors la Place du Château »Schlossplatz«. L'iconographie du présent album suit d'ailleurs cette direction. Même les visiteurs étrangers à la région peuvent s'informer facilement, car des panneaux indicateurs vous renseignent tout le long du chemin. La zone couvre une surface d'environ 250 hectares et l'itinéraire U a une longueur de huit kilomètres. Cette zone aménagée en parc vaut une visite en toute saison.

Übersetzung:
Jean Chauvet

La U verde

Una passeggiata da Killesberg nel parco fino al centro di Stoccarda

Un tempo il Killesberg era una zona abbandonata con una cava di pietra fra Stoccarda e Feuerbach. Nel 1937/38, con l'impiego di numerosi operai e giardinieri, fu creato un vero e proprio paradiso naturalistico, l'alto parco di Killesberg, inaugurato nell'aprile 1939 con il »Salone del Giardinaggio del Reich«. L'estate fu splendida e si raggiunse la cifra di 4.5 milioni di visitatori. Il primo settembre, con lo scoppio della guerra, la mostra venne chiusa anticipatamente.

Nel 1943/44 il Killesberg fu bombardato ripetute volte e molti edifici andarono distrutti.

Nel giugno 1948 l'introduzione del nuovo marco tedesco segno una ripresa della vita in Germania.

Il 23 maggio 1949 fu emanata la Costituzione della Repubblica Federale, primo passo per il »miracolo economico«. Lo stesso anno a Landau Pfalz venne inaugurato il primo salone del giardinaggio del dopoguerra: »Salone del Giardinaggio del Sudovest«. In questo stesso periodo il Killesberg fu liberato dalle macerie e arricchito di nuove costruzioni.

Dal giugno all'ottobre 1955 ebbe luogo nell'Alto Parco il »Salone Tedesco del Giardino di Stoccarda« con grande affluenza di pubblico. Nel 1961, nei giardini superiori e centrali del castello si tenne il Salone Federale del Giardinaggio.

Nel 1977 l'esposizione fu estesa ai giardini inferiori, al parco della Villa Berg e al Castello Rosenstein. A quest'epoca risalgono i dieci »Berger Sprudler«, geyser artificiali nello Schwanenplatz (Piazza dei Cigni), che ancora oggi con la loro acqua contribuiscono alla purificazione dell'aria.

Nel 1984 il Killesberg e stato dichiarato Kulturdenkmal (Patrimonio della Cul-

tura). Oggi resta l'unico esempio di parco pubblico degli anni '30 dell centennio duemilla.
Dal 23 aprile al 17 ottobre 1993 si é svolto a Stoccarda il Salone Internazionale del Giardinaggio - IGA - che si estendeva dal Killesberg a Wartberg-Steinberg, Leibfriedscher Garten e Rosensteinpark. Con la costruzione di ponti e ponticelli é stata infine realizzata la cosiddetta U verde, un impianto a U che da Killesberg e Rosenstein raggiunge il cuore della cittá. E' così possibile una lunga passeggiata »in campagna«, che dal castello nuovo e attraverso i suoi giardini, il Rosensteinpark, il giardino di Leibfried, il Wartberg giunge fino al Killesberg. Il percorso può essere coperto in due ore ma è consigliabile un tempo superiore per potere godere tutte le meraviglie che si offrono al passaggio, come ad esempio la Wilhelma, il Museo di Scienze Naturali di Rosenstein e quello di Löwentor.
Più agevole è il percorso in discesa verso la piazza del castello, che è anche l'ordine in cui sono disposti i quadri. A disposizione dei visitatori vi sono nei giardini delle tavole informative. Il percorso si snoda su una superficie di 250 ettari e la U verde si estende lungo 8 km di lunghezza. Ogni stagione è appropriata per visitare il parco e godere le bellezze naturalistiche e paesaggistiche.

Übersetzung:
Elisabetta Bonetto Vannucci

Der Höhenpark Killesberg

Der Höhenpark Killesberg wurde 1993 nach historischem Vorbild saniert. Jährlich besuchen mehr als eineinhalb Millionen Menschen den Park und erfreuen sich an seinen Anlagen. Das mehr als 40 Hektar umfassende Gelände ist sehr abwechslungsreich gestaltet. Verschiedene Schaugärten wie das Astilbental, der Primelgarten, das Tal der Rosen, der Dahliengarten, die Sommerblumenwiese, der Seerosenteich, die Seenterrassen und die Tierwiese bieten zu jeder Jahreszeit Reizvolles für den Besucher.

Exotisches mischt sich in dem alten Volkspark mit Bodenständigem. Gewürzsträucher, Maulbeerbäume und Taschentuchbäume haben hier genau so selbstverständlich ihren Platz wie der Laubmischwald bei der Freilichtbühne oder Streuobstwiesen mit ihren alten Obstbaumsorten.

Bemerkenswert sind auch die denkmalgeschützten Trockenmauern und Treppen aus rotem Buntsandstein. In diesen eher unspektakulären Bauwerken zeigt sich die für die dreißiger Jahre des 20. Jahrhunderts typische Verbindung zwischen heimischer Handwerkertradition der Weingärtner und der Kunst der Stuttgarter Landschaftsgärtner. Dabei wurde ein harmonisches Landschaftsbild geschaffen.

Der riesige Spielplatz und die Tiergehege sind für die kleinen Stuttgarter regelrechte Magneten. Und nicht nur bei den Kleinen beliebt sind die beiden Schmalspureisenbahnen, mit denen sich der Killesberg besonders »fußfreundlich« erkunden lässt.

Ein besonderer Höhepunkt ist das Lichterfest im Sommer; alljährlich lockt es zehntausende Besucher in den Park.

So hat es angefangen

Familienbild vor den Wasserspielen am Haupteingang der Reichsgartenschau im Sommer 1939

Plakat der Reichsgartenschau. So begann das Grüne U.

Am Haupteingang

Blick in den Park

Rechts vom Haupteingang: das Messecentrum B

Wasserspiele bei den Messehallen

Der Fontänensee

Gedenkstein am Haupteingang zum Höhenpark Killesberg für die mehr als 2000 jüdischen Bürgerinnen und Bürger, die in den Jahren 1941 und 1942 von dieser Stelle aus ihren Weg ins Konzentrationslager antreten mussten.

Im Tal der Rosen

< Statue von 1939

Spaziergänger

< Königskerzen

Spiel- und Liegewiese

< Seerosenteich am Ende des Tals der Rosen
und Reste des alten Steinbruchs

Blick zum Königskerzenhang
am Rande des Tals der Rosen

Der Seerosenteich von oben

< Der Killesbergturm

Der Killesbergturm

Der Aussichtsturm steht auf der höchsten Stelle des Killesbergparks. Auf der Turmspitze in 40 Meter Höhe befindet sich ein grüner Hahn in U-Form als Symbol für das nun endlich vollendete Grüne U von Stuttgart. Der Killesbergturm hätte ursprünglich bereits zur IGA 1993 errichtet werden sollen, konnte nach langen Verhandlungen mit der Stadt Stuttgart dann aber erst acht Jahre später der Öffentlichkeit übergeben werden.

Ein Mittelpylon und 18 Spiralseile mit einem Durchmesser von je 48 Millimetern stehen auf einem Ringfundament. Sie tragen die vier Aussichtsplattformen in 8, 16, 24 und 31 Meter Höhe. Die beiden Treppen mit ihren 174 Stufen winden sich spiralförmig nach oben und unten. 2230 Menschen können sich gleichzeitig auf dem Turm aufhalten, so groß ist seine Tragkraft. Ein Besteigen des Turmes lohnt allemal. Von der obersten Plattform hat man ringsum einen wundervollen Blick auf Stuttgarts Umland.

Bauherr des mittlerweile preisgekrönten Killesbergturmes war der Verschönerungsverein Stuttgart, konstruiert hat die elegante Seilnetzkonstruktion Prof. Dr. Jörg Schlaich. Nach der langen Realisierungsphase gingen vom ersten Spatenstich am 24. Oktober 2000 bis zur Eröffnungsfeier am 17. Juli 2001 gerade mal neun Monate ins Land.

Übergabe des »Wanderstabes vom Grünen U«. Von links: Fritz Oechßler, Vorsitzender des Verschönerungsvereins, Konstrukteur Professor Dr. Jörg Schlaich, der Stuttgarter Oberbürgermeister Dr. Wolfgang Schuster und IGA-Planer Professor Hans Luz

Die Turmspitze: Das Grüne U hat die Form eines Hahnes.

Blickrichtung Süd. Im Vordergrund links die Kunstakademie, rechts die Messehallen, hinten Mitte der Hohe Bopser mit Fernsehturm

Blickrichtung Südost:
Im Vordergrund der Turmschatten, in der Bildmitte der Egelsee, hinten rechts Rotenberg

Blickrichtung Ost: Bad Cannstatt und im Hintergrund der Schwäbische Wald

Blick vom Turm in den Park >

Rückblick: Das Turmfundament

Blütenpracht

Staudengarten bei den Seenterrassen

Sommerblumenwiese

Tulpen und Stiefmütterchen

Cannstatter Eingang an der Maybachstraße

Tümpelrand

Sonnenblumen

Die Blütenpracht braucht Pflege.

Das Stuttgarter Gartenamt hat seinen Sitz auf dem Killesberg.
Hier ein 1938 errichtetes Gebäude.

Der Dahliengarten

Rund 100 000 Dahlien sind auf einer Fläche von 2 500 Quadratmetern gepflanzt.

Brunnenlaube am Dahliengarten

Die Saison auf dem Killesberg endet jedes Jahr mit der Dahlienaktion des Gartenamtes, bei der die prächtigen Blüten in dicken Sträußen für einen guten Zweck verkauft werden.

Mediterranes Flair

Mittelmeergewächse
unterhalb der
Sommerblumenwiese

Fontäne im Flamingosee

Begegnung im Park

Vorsichtige Annäherung

Flamingogruppe

Gänsemarsch

Die Tierwiese >

In der Schwäbischen Weinstube gibt es gute Landesspezialitäten.

Die Milchbar ist besonders in der warmen Jahreszeit ein beliebter Treffpunkt mit Blick auf den Flamingosee.

‘s Stuttgarter Rössle und andere Skulpturen

Die Stute – Stuttgarts Wappentier

Die Keimzelle von Stuttgart war einst ein Stutengarten.

Am nördlichen Parkende

Das äsende Reh im Höhenpark

Idyllische Fleckchen

Ein Bach verbindet vier Seen.

> Eine vorbildliche Pflanzenkomposition

< Treppen im Primelgarten

Am unteren See

< Bachlauf oberhalb des Primeltales

Die ohne Mörtel gebauten Trockenmauern aus den 1930er-Jahren sind sehenswert.

Astilbental

> In der Friedhofskapelle

Treppe am Wildgraben im Herbst

Der Mondsee im Wildgraben

Winterliche Impressionen

Der Sonnenanbeter

Auch im Winter lohnt sich der Besuch im Höhenpark:
Treppe am Wildgraben im Winter.

Der Killesbergturm im Winter

Die Milchbar im Schnee

Vereister Fontänensee mit Messehallen

Immer was los

In den Messehallen wird das ganze
Jahr über was geboten.
Hier der Haupteingang zur Messe.

Das Bruchsaler Schloss aus Marzipan und Schokolade auf der Fachmesse »Südback«

Jedes Jahr findet in den Messehallen auf dem Killesberg die »Modellbau Süd« statt.

Mineralien- und Fossilienbörse

Musik zum Wochenende

Der Kinderspielplatz

> Das Stuttgarter Berufskolleg Holzenbecher bei einer Modenschau im Tal der Rosen

Die Orchideenschau

Die US Army Field Band aus Washington, D.C. bei einem Konzert auf der Freilichtbühne

‘s Killesbergbähnle

Erstmals fuhr die Liliputbahn 1939. Die beiden Dampfloks heißen »Tazzelwurm« und »Springerle«, die Dieselloks »Blitzschwoab« und »Schwabenpfeil«.

Die Einfahrt zum Bahnhof. Die Streckenlänge beträgt 2,3 Kilometer, die Spurbreite 15 Zoll.

Der Schwabenpfeil-Zug

Die Dampflokomotiven wurden 1950 gebaut, die Dieselloks 1950 (Blitzschwoab) und 1992 (Schwabenpfeil). Die Personenwagen stammen noch aus dem Jahr 1938.

Die Dampflokomotive hat einen vierachsigen Tender, der 1000 Liter Wasser fasst und 52 Zentner Kohle. Lok und Tender wiegen zusammen rund acht Tonnen. Die Leistung der Lok beträgt 30 PS, die Höchstgeschwindigkeit 30 Kilometer pro Stunde.

Das Lichterfest

Eine von vielen Lampionpyramiden

Die bunten Lampions und Lichterketten
sind auch bei Tag ein prachtvoller Anblick.

Die IGA – eine Rückblende

Ministerpräsident
Erwin Teufel
beim Rundgang

Anlässlich der IGA wird das
Grüne U 1993 komplettiert.

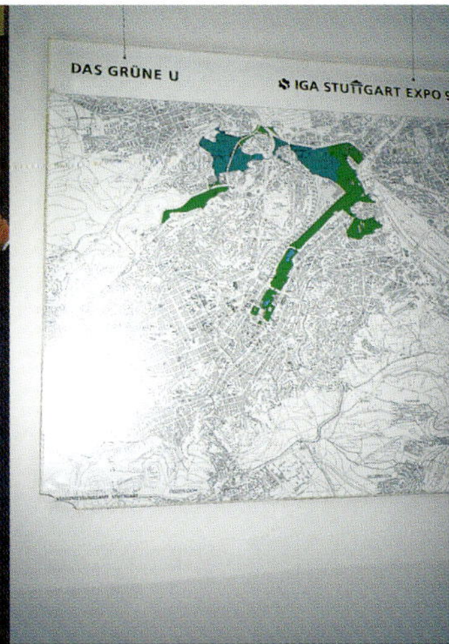

Oberbürgermeister
Manfred Rommel mit
Bundespräsident
Richard von Weizsäcker

Der St. Helens-Steg – der schönste Übergang zum Wartberg

< Ministerpräsident Erwin Teufel, der damalige Bundespräsident Richard von Weizsäcker und der ehemalige Stuttgarter Oberbürgermeister Manfred Rommel mit den Ehrengästen bei der Eröffnungsveranstaltung der Internationalen Gartenbauausstellung IGA am 23. April 1993 auf dem Killesberg

Der Wartberg

Der Wartberg schließt östlich an den Killesberg an. Das steil abfallende, terrassierte Gelände mit seinen plätschernden Bächen war früher eine Kleingartenanlage mit Streuobstwiesen. Bei der Neugestaltung Anfang der 1990er-Jahre wurden die beiden Serpentinenwege angelegt. Dazwischen befinden sich zahlreiche Mauern und Treppen am Hang. Die Staffeln sind teilweise schon Jahrzehnte alt, ebenso die Mauern – ein Relikt aus der Zeit, als hier einmal Wein angebaut wurde.
Im oberen Bereich ist der Wartberg sehr ursprünglich. Die einzigen Elemente, die auf eine ordnende Hand hinweisen, sind die verschiedenen Kunststationen, die sich harmonisch in den »Wildwuchs« einfügen. Doch je weiter man bergab wandert, desto mehr verwandelt sich die wuchernde Natur in gestaltete Natur. Zuerst kommen die Kleingärten mit ihren Häuschen, die den schwäbischen Wengerthäuschen nachempfunden sind, dann, nach einem sanften Übergang, der Egelsee mit seiner geometrischen Umgebung.

Das Wartberggelände mit dem Egelsee; im Hintergrund der Bülowturm

Skulptur im Egelsee

< So sah das Gelände am Egelsee während der IGA aus.

Kunststation »Keuper« des Bildhauers Hans Dieter Bohnet; die Stuttgarter nennen das Werk schlicht Dino-Ei.

Kunststation »Am Kreuzungsbogen« des Bildhauers Claus Bury

Der hölzerne Bergwart am Wartberg bietet
einen guten Ausblick.

Die »Entendusche«

Eine Windrose mit Herzen am Wartberg

Bild unten: Wasserspiele

Abendstimmung an der Kleingartenanlage am Wartberg

Abend am Egelsee

Der Bombay-Steg und der Brünner Steg. Die eleganten Hängebrücken über die Heilbronner Straße haben eine Gesamtlänge von 460 Metern. Sie verbinden Wartberg und Leibfriedschen Garten.

Der Leibfriedsche Garten

Dieser Teil des Grünen U ist ein wildromantisches Fleckchen. Von der »Bastion Leibfried« am Pragsattel hat man einen wunderbaren Blick hinunter in die Stadt. Auf diesem Hügel stand einst der Wasserbehälter für die Springbrunnen der Villa Moser. Diese Gründerzeitvilla wurde im Februar 1944 durch eine Fliegerbombe bis auf die Grundmauern zerstört. Die Vegetation breitete sich jahrzehntelang über der Ruine aus, es entstand ein vergessener Naturbereich in direkter Nachbarschaft des verkehrsumtosten Pragsattels.

Im Zuge der Realisierung des Grünen U erlangte der alte Garten neue Bedeutung. Die Ruinen wurden nicht restauriert, sondern von Hans-Dieter Schaal als Kunstobjekt gestaltet und begehbar gemacht. Nun führen Stege über die ehemalige Villa und um sie herum. Einzig die Felsengrotte unterhalb der Villa hat die Zerstörung überdauert.

Von der Villa Moser führt der Weg direkt zum »Gate of Hope«, geschaffen von Dan Graham. Wer es durchschreitet, befindet sich auf dem Weg zu der Seilnetzbrücke über die Nordbahnhofstraße. Die Brücke ist 70 Meter lang und verbindet den Leibfriedschen Garten mit dem Rosensteinpark.

Kunststation »Villa Moser« des Bildhauers
Hans-Dieter Schaal

Der Aussichtspunkt »Bastion Leibfried« am Pragsattel

Die Felsengrotte der alten Villa im Leibfriedschen Garten

Kunststation »Gate of Hope« von Dan Graham – eine 8,50 Meter hohe Konstruktion aus Edelstahl und Glas

Der Seilnetzsteg über die Nordbahnhofstraße verbindet den Leibfriedschen Garten mit dem Rosensteinpark.

Der Rosenstein-park

Der Rosensteinpark ist der größte englische Landschaftspark in Südwestdeutschland. Unter König Wilhelm I. von Württemberg (1816–1864) wurde der so genannte Kahlenstein zum Rosensteinpark umgebaut. Umfangreiche Erdaufschüttungen waren notwendig gewesen, um das zum Neckar hin abfallende Gelände auszugleichen und so zu modellieren, wie wir den Park heute kennen. Begonnen wurde mit der Anlage des Landschaftsgartens im Jahr 1822. Schloss Rosenstein am südlichen Parkende entstand zwischen 1825 und 1829; Baumeister war Giovanni Salucci. Heute ist im Schloss das Staatliche Museum für Naturkunde mit seinen zoologisch-botanischen Sammlungen untergebracht.

Und noch ein zweites Museum beherbergt der Rosensteinpark – das Museum am Löwentor, mit Sauriern, Fossilien und dem Schädel des Steinheimer Urmenschen.

Am westlichen Parkrand steht noch heute die Meierei, in der einst das Rosensteiner Vieh stand, das mit dem Gras und Heu der Parkwiesen gefüttert wurde. Heute kommt das Gras den Tieren der benachbarten Wilhelma zugute.

Der Rosensteinpark steht unter Denkmalschutz und darf nicht verändert werden. Während der IGA 1993 wurden an seinem Rande die so genannten Nationengärten angelegt, die nach Ausstellungsende wieder abgebaut wurden. Zwei von ihnen stehen allerdings noch heute in Stuttgart, jedoch an anderem Ort: der Chinesische und der Japanische Garten.

Der Rosensteinpark mit der Glatthaferwiese ist der größte Landschaftsgarten Südwestdeutschlands.

Das Löwentor ist der nördliche Parkeingang. Es wurde an der ehemaligen Gabelung der Straße von Ludwigsburg nach Cannstatt und Stuttgart erbaut. Die Durchfahrt entstand 1858 zwischen zwei Torwärterhäuschen.

Die Pyramide auf dem Kinderspielplatz gleich neben dem Museum am Löwentor.

Das Museum am Löwentor. Hier sind viele Originale und Rekonstruktionen von Urzeitfunden zu besichtigen.

Dinosaurierskelett und im Hintergrund eine Rekonstruktion

Ein versteinerter Plesiosaurier aus dem Urmeer

Vor dem Eingang zum Museum am Löwentor

< Die Nachbildung eines Protoceratops andrewsi

Holland

Tunesien

Ägypten

Iran

Nepal

Sardinien

Indien

Der Chinesische Garten mit dem Pavillon der vier Himmelsrichtungen. Nach der IGA fand der Garten seinen festen Platz an der Birkenwaldstraße/Ecke Panoramastraße.

Der Japanische Garten. Seit 1994 ist sein Platz im Park der Villa Berg.

Der untere Teil des Rosensteinparks

< Der Pumpsee im Rosensteinpark wurde 1845 zur Wasserversorgung der Wilhelma angelegt. Heute ist er bei den Spaziergängern ein beliebter Rastplatz (auch S. 110/111).

Das Schloss Rosenstein mit der Nymphengruppe. Im Schloss ist die botanisch-zoologische Sammlung des Staatlichen Museums für Naturkunde untergebracht.

< Vom Pumpsee aus kann man die Zebras in der Wilhelma beobachten.

Walskelett. Der Walsaal ist eine besondere Attraktion des Museums.

Afrikanischer Elefant

Das Wasserbecken vor dem Schloss mit Blickrichtung Fernsehturm

Der Rosengarten an der Ostseite des Schlosses

Die ehemaligen Wachhäuser. Hier beginnt der Untere Schlossgarten.

< Der Rosengarten an der Ostseite des Schlosses

Die Wilhelma

Die Wilhelma verdankt ihre Entstehung dem Wunsch König Wilhelms I., ein »Badhaus« im Park von Schloss Rosenstein zu besitzen, denn dort waren Mineralquellen gefunden worden. Er beauftragte den Architekten Karl Ludwig Zahnt mit der Planung der Anlage im maurischen Stil, der damals modern war. 1837 wurde mit den Arbeiten begonnen. Die Bauten der Wilhelma waren Kulisse für manch höfische Feste, das Gelände war der Öffentlichkeit nicht zugänglich. Erst 1880 wurde die Wilhelma für die Bürger geöffnet.

Im Zweiten Weltkrieg wurde die Anlage zerstört und erst 1949 wieder eröffnet. In den 1950er-Jahren entstand der berühmte Tierpark. Heute ist der zoologisch-botanische Garten durch die Kombination von Tieren und Pflanzen in einem historischen Park einzigartig. Der Charme der Wilhelma zeigt sich beim Rundgang durch das abwechslungsreiche Gelände. Man sieht Blumenteppiche, Springbrunnen und oberhalb des Bärengeheges beeindrucken die riesigen Mammutbäume. Alljährlich im Frühling bezaubern die Magnolien mit ihren Blüten die Besucher.

Die Wilhelma empfängt die Besucher mit ihrer Blütenpracht.

Das Sarazenerhaus

Magnolienblüte in der Wilhelma

Der Seerosenteich mit der tropischen Wasserpflanze Victoria regia

Blühende Seerosen

Das Amazonienhaus wurde im Januar 2000 eröffnet.

Sonnenbad

Die winterliche Kälte lässt die Kamele zusammenrücken.

Mähnenschafe und Dscheladas

Gänsegeier

Pinguine

Brillenbären

Von der Wilhelma zur Schiffsanlegestelle
am Neckar sind es nur wenige Minuten zu Fuß.
Eine Rundfahrt lohnt sich.

Der Park der Villa Berg

Obwohl seit einem Vierteljahrhundert bereits mit Stegen an den Unteren Schlossgarten angebunden, liegt der Park der Villa Berg etwas abseits der Hauptspazierstrecke. Der Weg vom Unteren Schlossgarten in den Park führt am japanischen Garten vorbei, der nach dem Ende der IGA am Eingang zum Park der Villa Berg wieder aufgebaut wurde.

Die Villa Berg, die dem Park seinen Namen gab, wurde in den Jahren 1845 bis 1853 als Sommersitz des württembergischen Kronprinzen Karl und seiner Frau im italienischen Renaissance-Stil erbaut. Villa samt Park gingen 1913 in den Besitz der Stadt Stuttgart über. Während des Zweiten Weltkriegs wurde das Gebäude zerstört und danach lediglich vereinfacht wieder aufgebaut. Heute befinden sich hier Studios des Südwestrundfunks. Die Villa wird auch als Veranstaltungsort genutzt, u.a. auch für Versammlungen der Schwäbischen Gesellschaft.

Steg vom Unteren Schlossgarten zum Park der Villa Berg

Der Rosengarten mit Pavillon Belvedere im Park

Der Japanische Garten im Park
der Villa Berg

Im Park der Villa Berg

Blick von der Terrasse der Villa Berg

Villa Berg: Blick zur Loggia

Die Schlossgärten

Die ehemals königlichen Schlossgärten entstanden unter Friedrich I. in den Jahren 1807/1808. Die »grüne Lunge« Stuttgarts zieht sich auf einer Länge von etwa dreieinhalb Kilometern vom Neuen Schloss in der Innenstadt Richtung Bad Cannstatt. Die Schlossgärten, kurz »Anlagen« genannt, gliedern sich in vier Teile. Den Oberen Schlossgarten, den Akademiegarten, den Mittleren und den Unteren Schlossgarten.
Der Obere Schlossgarten wurde anlässlich der Bundesgartenschau 1961 neu gestaltet, ebenso der Mittlere. Für die Bundesgartenschau 1977 wurde der Untere Schlossgarten behutsam neu gestaltet und für die Bevölkerung erschlossen. Damals wurden auch die Verbindungen zum Rosensteinpark und zum Park der Villa Berg geschaffen. Die einzelnen Schlossgärten sind durch Fußgängerbrücken miteinander verbunden. Liegewiesen, Rast- und Spielplätze laden zum Verweilen ein. Bei schönem Wetter herrscht in den Anlagen ein Gedränge wie auf der Königstraße.

Unterer Schlossgarten

Der Inselsee unterhalb von Schloss Rosenstein im Sommer

Winterlicher Inselsee

Blick vom Unteren Schlossgarten auf die Kirche von Stuttgart-Berg

Ein beliebter Ruheplatz für Spaziergänger

Berger Sprudler. Als Symbol für das reiche Mineralwasservorkommen Bad Cannstatts wurden die künstlichen Geysire zur Bundesgartenschau 1977 von der Planungsgruppe BGS 77 Bächer-Winkler-Luz-Brunken-Kaiser-Scheu errichtet.

Zwischen den Berger Sprudlern treffen sich die Stadtbahnen
aus Remseck, Bad Cannstatt und Fellbach zur Fahrt in die City.

Rastplatz in den Unteren Anlagen

Der Schwefelsee

Am Südende der Platanenallee steht die »Rossebändiger«-Gruppe, die der Hofbildhauer Johann Ludwig von Hofer 1842–1847 schuf. Die Pferde stellen »Mutwillen« und »Zorn« dar.

Die »Grüne Brücke«, der Steg zwischen Unterem und Mittlerem Schlossgarten

Mittlerer Schlossgarten

Die Lusthausruine – nicht viel mehr als eine Stein gewordene Erinnerung an das Lusthaus, das in der zweiten Hälfte des 16. Jahrhunderts am Schlossplatz erbaut wurde und damals als schönstes Bauwerk der Deutschen Renaissance galt.

Treppenaufgang

> See mit Seeterrasse

Denkmal des Grenadierregiments Nr. 119 Königin Olga

Planetarium

> Blick vom Ferdinand-Leitner-Steg, der den Mittleren mit dem Oberen Schlossgarten verbindet, in Richtung Hauptbahnhof

> Blick auf den Theatersee mit Fontäne, Großem und Kleinem Haus des Württembergischen Staatstheaters

Landtagsgebäude aus den Jahren 1959–1961.
Auf der linken Seite ist der Turm der Musikhochschule zu sehen.

Oberer Schlossgarten mit Kunstgebäude des Württembergischen Kunstvereins

< Der Schicksalsbrunnen von Karl von Donndorf aus dem Jahre 1914 vor dem Württembergischen Staatstheater. Er trägt die Inschrift: »Aus des Schicksals dunkler Quelle /rinnt das wechselvolle Los. /Heute stehst du fest und groß, /morgen wankst du auf der Welle.«

Der Schlossplatz

Blick vom Musikpavillon auf das Neue Schloss

Hauptportal des Neuen Schlosses

Brunnen auf dem Schlossplatz

Denkmal für Herzog Christoph an der Ecke Königstraße/Bolzstraße

Schlossplatz mit Jubiläumssäule

Der Stuttgarter Fotojournalist Rolf Fischer hat über viele Jahre hinweg die Vollendung des Grünen U mit seiner Kamera verfolgt und im Bild festgehalten. Seine Aufnahmen begleiten seit langem die Entwicklungen und Ereignisse in der Landeshauptstadt. Schon mehrfach, zuletzt 2002 im Rathaus, sind seine fotografischen Zeitdokumente in Ausstellungen der Öffentlichkeit vorgestellt worden.

Das Grüne U im Überblick

mit Aussichtspanorama Killesbergturm

Einen interessanten und abwechslungsreichen **Spaziergang von der Stadt in die Landschaft** durch die Stuttgarter Parks bis in den Wald, das **Aussichtspanorama des Killesbergturms** und das **Grüne U aus der Vogelperspektive** beschreibt dieses Faltblatt des Verschönerungsvereins. 10,5 x 21 cm, 28 S., 2,30 Euro

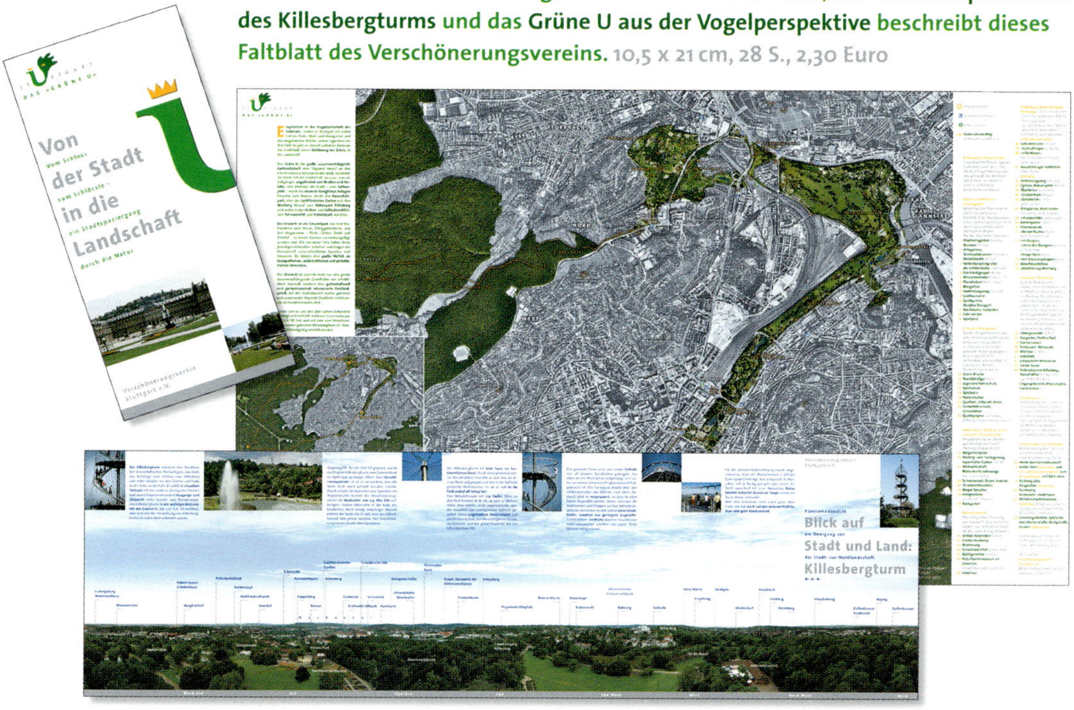

Vom Schloss zum Schlössle –

eine Wanderung durch das Grüne U

Auf dem 18 km langen Weg vom **Neuen Schloss zum Bärenschlössle** erlebt man alles, was Stuttgart an erlebnisreichen Grünstrukturen zu bieten hat: **Parks, Gärten, Wald und Landschaft ...**
Wanderkarte im Maßstab 1:30 000 mit Erläuterungen der Stationen und Sehenswürdigkeiten, 1,60 Euro

Faltblatt und Wanderkarte
sind erhältlich im Buchhandel, bei i-Punkt und Stadtmessungsamt der Stadt Stuttgart.

Herausgeber:
Verschönerungsverein Stuttgart e.V.
Weberstraße 2, 70182 Stuttgart
www.vsv-stuttgart.de

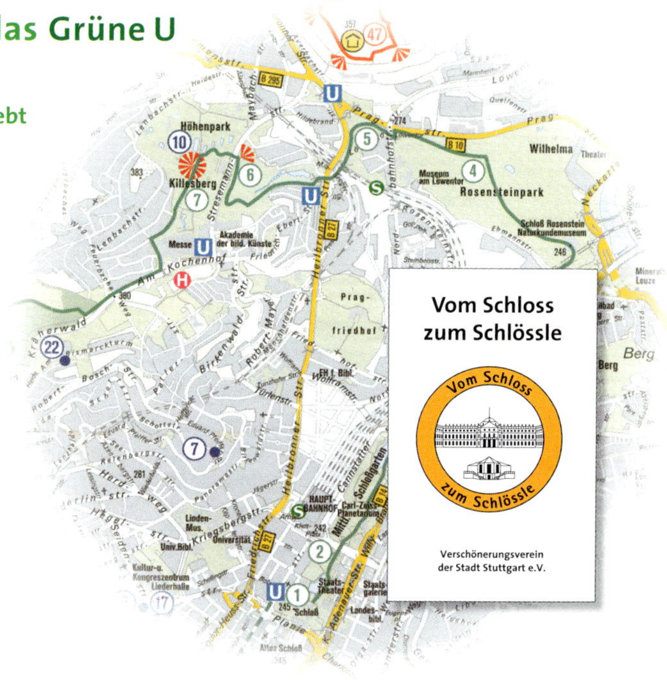

Stuttgart

Neue Ansichten

Der repräsentative Bildband thematisiert in neun Kapiteln die wichtigsten Facetten und Besonderheiten von Stuttgart auf unterhaltsame und informative Weise: geographische Lage, Wirtschaft, Baugeschichte und Baudenkmäler, Kulturleben und vieles mehr. Auf die wechselvolle Geschichte der Stadt wird hier ebenso eingegangen wie auf die Gegenwart und Zukunft. So bietet das Buch ein breit gefächertes Panorama – attraktiv in Bild und Text.
Von Andreas Braun und Josip Madracevic. 104 Seiten mit 100 farbigen Abbildungen.

Stadtwanderführer Stuttgart

Der Führer zeigt dem Stadtwanderer auf 19 ausgewählten Routen Stuttgart von seiner attraktivsten Seite:
die schöne alte Villenarchitektur mit prächtigen Gärten, fantasievolle Brunnen- und Treppenanlagen, viel Grün und immer wieder wunderschöne Aussichtspunkte u.v.a.
Mit detaillierten Karten und präzisen Wegbeschreibungen, Hintergrundinformationen, Einkehrtipps.
Jede Tour beginnt und endet an Haltestellen von Stadtbahnen und S-Bahnen.
Von Arndt Spieth. 160 Seiten.

THEISS